제비따라
강남여행

글쓴이 **신현수**

이화여자대학교 국문학과를 졸업하고, 오랫동안 국민일보 기자로 일했습니다. 2001년 '샘터상'에 동화가, 2002년 '여성동아 장편소설 공모'에 소설이 당선되어 작가가 되었습니다. 지은 책으로 장편동화『용감한 보디가드』,『내 마음의 수호천사』, 『유월의 하모니카』, 창작동화집『빵점이어도 괜찮아』, 청소년 소설『분청, 꿈을 빚다』,『플라스틱 범보』, 어린이 지식 정보책 『우리들의 따뜻한 경쟁』,『처음 만나는 아프리카』,『어린이 국보 여행』,『지구촌 사람들의 별난 음식 이야기』등이 있습니다.

그린이 **이영림**

국민대학교에서 회화를 전공한 뒤, 영국 런던 킹스턴대학교 예술디자인대학원에서 일러스트·애니메이션 석사 과정을 수석으로 졸업했습니다. 그린 책으로 동시집『콜라 마시는 북극곰』,『입김』, 동화책『아드님, 진지 드세요』,『선생님은 나만 미워해』,『선생님이랑 결혼할래』,『개구리네 한솥밥』,『최기봉을 찾아라!』,『방귀 스티커』,『잔소리 붕어빵』,『악마의 통조림』 등이 있습니다.

제비 따라 강남여행 신현수 글·이영림 그림

1판 1쇄 펴냄—2015년 5월 30일, 1판 3쇄 펴냄—2021년 7월 29일
펴낸이 박상희 편집주간 박지은 편집 김지호 디자인 신현수 펴낸곳 **(주)비룡소**
출판등록 1994.3.17. (제16-849호) 주소 06027 서울시 강남구 도산대로1길 62 강남출판문화센터 4층
전화 영업 02)515-2000 팩스 02)515-2007 편집 02)3443-4318,9 홈페이지 www.bir.co.kr
제품명 어린이용 각양장 도서 제조자명 **(주)비룡소** 제조국명 대한민국 사용연령 3세 이상

© 신현수, 이영림, 2015. Printed in Seoul, Korea.

ISBN 978-89-491-8261-2 74910 / 978-89-491-8211-7(세트)

이 도서의 국립중앙도서관 출판시도서목록(CIP)은 서지정보유통지원시스템 홈페이지(http://seoji.nl.go.kr)와
국가자료공동목록시스템(http://www.nl.go.kr/kolisnet)에서 이용하실 수 있습니다. (CIP제어번호: CIP2015014183)

• 책에 실린 사진은 다음과 같은 곳에서 제공해 주셨습니다.

34쪽 만리장성: Samxli/ Wikipedia, 불꽃놀이: Jon/ flickr
　　중정 기념당: AngMoKio/ Wikipedia, 등불 축제: Ting W. Chang/ flickr
35쪽 무어 로이 느억: Gryffindor/ Wikipedia, 할롱 만: Tango7174/ Wikipedia
　　담은사두악: Dennis Jarvis/ flickr, 툭툭: Jody McIntyre/ flickr
36쪽 쉐다곤 파고다: Hybernator/ Wikipedia, 신뿨: dany13/ flickr
　　산토 니뇨: Constantine Agustin/ flickr, 티니클링: Shubert Ciencia/ flickr
37쪽 보로부두르: Seth Mazow/ flickr, 짜낭 사리: Kathleena LO/ flickr
　　바투 동굴: saragoldsmith/ flickr, 키나발루 산: shankar s./ flickr

제비의 눈으로 본 아시아 지리 문화 이야기

제비 따라 강남 여행

신현수 글 · 이영림 그림

비룡소

가을이 왔어요. 바람이 서늘해지고 나뭇잎들은 울긋불긋 물들었어요.
"삐찌 삐찌 지지지짓 쭈이. 어서 강남으로 떠나자!"
"쫏 쫏 쫏 쮸르르르. 그래, 더 추워지기 전에 가야지."
들판에 모여 있던 제비들이 무리 지어 하늘로 날아올랐어요.
수컷들이 먼저 떠나고, 암컷들과 새끼 제비들이 뒤따랐지요.
우리나라의 겨울은 추워서 살기 힘드니까 따뜻한 나라로 가는 거예요.

그런데 제비들이 간다는 강남은 대체 어디일까요?

긴 여행 끝에 몇몇 제비들은 중국 남쪽 지방에 도착했어요.
이른 아침부터 들려온 음악 소리로 중국에서의 첫날이 시작됐지요.
제비들이 음악 소리를 따라가 보니 공원이 나왔어요.
그런데 사람들이 한데 모여 웬 체조를 하고 있지 뭐예요?
"저 사람들 뭐 하는 거야? 팔다리를 휘저으며 느릿느릿 움직여."

"니하오! 태극권이라는 운동을 하는 거야. 멋지지?"

제비들이 궁금해하자, 한 소년이 말해 줬어요.
제비들은 태극권 하는 사람들을 한참 동안 구경했어요.

그날 오후, 제비들은 도시 이곳저곳을 둘러보았어요.
앞으로 몇 달 동안 머물 곳이니까 길을 익혀 두려고요.
마침 어느 광장에 세워진 색다른 야외무대가 제비들의 눈에 띄었어요.
얼굴을 짙게 분장하고 알록달록한 옷을 입은 사람들도 보였지요.
노래하고 춤추며 말하고 움직이는 모습이 연극을 하는 것 같았어요.
구경꾼들 얘기를 들어 보니 경극이라는 중국 전통 연극이래요.
"중국 사람들은 이렇게 화려한 연극을 좋아하는구나!"
제비들은 아름다운 경극에 푹 빠져서 해가 저무는 줄도 몰랐어요.

빠아앙~! 덜커덩덜커덩 덜컹덜컹.
깊은 산 속 빽빽한 나무숲에 기차가 나타났어요.
겨울을 나러 타이완으로 날아온 제비들은 깜짝 놀랐어요.
"깊은 산 속에 웬 기차가 다 있네! 와, 신기하다."
그때 기차에 탄 여자아이가 제비들에게 손을 흔들었어요.
"리호! 우리는 삼림 열차를 타고 아리 산 꼭대기에 갈 거야!"
바다를 건너오느라 고단했던 제비들은 기차에 살짝 올라탔어요.

모터보트가 누르스름한 강물을 가르며 힘차게 출발했어요.
베트남으로 온 제비들은 모터보트를 따라 강으로 나아갔어요.
강에는 수많은 배가 떠 있고, 사람들은 배를 탄 채 물건을 사고팔았어요.
"신 짜오! 어서 와. 여긴 메콩 강 수상 시장이야."
배에서 놀던 강아지가 꼬리를 흔들며 알은척을 했어요.
"와! 물 위에 시장이 열렸네! 재밌겠다!"
제비들은 신기해하며 수상 시장 위를 뱅글뱅글 날아다녔어요.

메콩 강은 '아홉 마리 용'을 뜻하는 '꺼우 렁'이란 이름으로도 불려. 강줄기가 아홉 갈래로 나뉘어서 그렇대.

수상 시장을 보고 난 제비들은 가까운 도시로 날아갔어요.
거리는 온통 오토바이를 탄 사람들로 가득했어요.
긴 옷을 맵시 있게 차려입고 학교에 가는 여학생들도 보였어요.
"저 여학생이 입은 옷을 뭐라고 하는지 알아?"
"아오자이! 베트남 말로 '긴 옷'이란 뜻이야."
똑똑한 제비의 말에 다른 제비들은 고개를 끄덕였어요.

내 동생네 학교도 아오자이가 교복이야.

또 다른 제비들은 해질 무렵 타이에 도착했어요.
주위가 금세 어두워져 제비들은 잠잘 준비를 했지요.
그때 펑 펑 타닥타닥 펑! 폭죽 소리가 들렸어요.
어디서 불꽃놀이를 하나 봐요! 졸음이 싹 달아난
제비들은 차오프라야 강으로 갔어요. 강가는 예쁘게
장식한 연꽃 배를 강물에 띄우는 사람들로 북적거렸어요.
"사왓디 카! 행복을 비는 러이 끄라통 축제랍니다."
귀여운 갈래머리 소녀가 상냥하게 말했어요.
제비들은 아름다운 광경에 반해 밤늦도록
강가를 맴돌았어요.

날이 밝자마자 제비들은 먹이를 구하러 나섰어요.
간밤에 늦게까지 놀았더니 배가 고팠거든요.
거리에는 스님들에게 음식과 꽃을 드리는 사람들의 행렬이 이어졌어요.
부지런히 날던 제비들은 화려하고 웅장한 궁전으로 들어갔지요.
마침 멋진 제복을 입은 청년들이 행진을 하고 있지 뭐예요?
알고 보니 이곳은 타이의 왕들이 살았던 방콕 왕궁이래요.
타이는 예나 지금이나 국왕이 있는 나라거든요.

어린이 여러분, 여기는 왕궁에 있는 왓 프라깨오 불교 사원이에요. 이제부터 에메랄드 불상을 보러 갈 거예요.

"와, 여기가 어디지? 탑들의 나라인가?"
미얀마로 날아온 제비들은 엄청나게 많은
뾰족탑들을 보고 눈이 휘둥그레졌어요.
붉은 땅과 푸른 숲 위로 우뚝우뚝 솟은 탑들은
정말 멋져 보였지요.

"밍글라바! 여기는 불탑과 사원의 도시인 바간이야.
바간뿐 아니라 미얀마에는 불교 유적이 아주 많단다."
숲길을 가던 나이 어린 스님이 자랑스레 말했어요.
제비들은 탑과 탑 사이를 요리조리 날며 바간을 구경했지요.

필리핀 루손 섬에 온 제비들이 나들이를 나섰을 때였어요.
갑자기 커다란 독수리가 바람을 쌩 가르며 나타났어요.
"꾸무스타 까! 제비가 왔구나. 오랜만에 제비 맛 좀 볼까?"
제비들은 깜짝 놀라 높은 산으로 몸을 피했어요.
그런데 산비탈에 초록빛 논이 있지 않겠어요?
"2000년 전부터 이푸가오 족이 산비탈을 깎아 만든 계단식 논이란다."
할머니 제비가 계단처럼 펼쳐진 논에 대해 알려 주었어요.

제비들은 필리핀의 수도 마닐라로 나들이를 갔어요.
벌써부터 거리는 온통 크리스마스 분위기였어요.
알록달록하게 치장한 지프니들도 쌩쌩 달리고 있었지요.
그런데 할머니 제비의 눈에 파란 지프니를 운전하는 청년이 낯익지 않겠어요?
곰곰 생각해 보니 작년에 루손 섬에서 만났던 이푸가오 족 젊은이였어요.

"이푸가오 족 젊은이들이 도시로 나간다더니 정말이구나."

그럼 논농사는 누가 짓나 싶어, 할머니 제비는 걱정했어요.

"캑캑. 숨을 못 쉬겠어. 웬 연기가 이렇게 자욱하지?"
바다 건너 인도네시아에 다다른 제비들은 연기에 숨이 막힐 뻔했어요.
하늘로 높이 올라가자 그제야 숨통이 확 트였지요.

"저 브로모 화산은 살아 있는 화산이거든. 불의 신이 산다는구나."

나이 지긋한 제비가 뿌연 연기가 피어오르는 산을 가리키며 말했어요.
연기가 걷히자 분화구 곁에 모인 텡게르 족과 관광객들의 모습이 보였어요.
제비들은 쌀쌀한 이곳을 떠나 따뜻한 발리 섬에 가기로 했어요.

인도네시아는 세계에서 화산이 가장 많은 나라야. 지진과 해일도 자주 일어난대.

제비들 중에는 말레이시아에 도착한 무리도 있었어요.
수도인 쿠알라룸푸르에는 뾰족한 쌍둥이 빌딩이 우뚝 솟아 있었지요.
거리의 사람들은 생김새며 옷차림이며 피부색이 다 달랐어요.
천으로 머리와 목을 감싼 아주머니가 있는가 하면,
티셔츠를 입은 소녀도 있었지요. 남자들도 차림새가 제각각이었어요.
제비들이 왜 그런지 궁금해 하자 무슬림 소녀가 알려 주었어요.
"슬라맛 말랑! 말레이시아는 여러 민족과 종교가 어우러진 나라야."
제비들은 갖가지 모습의 사람들을 보며 고개를 끄덕였어요.

저 붉은 히비스커스 꽃은 말레이시아의 나라꽃이야. 말레이시아 말로 '붕아 라야'라고 부른대.

무궁화랑 비슷하게 생겼네!

다시 봄이 왔어요. 산과 들은 푸릇푸릇해지고 봄꽃도 활짝 피었어요.
지난해 가을에 강남으로 떠났던 제비들도 돌아왔어요.
"삐찌 삐찌 지지지짓 쭈이. 다시 만나서 반가워!"
"쫏 쫏 쫏 쥬르르르. 너도 무사히 왔구나!"
이제 제비들은 지푸라기를 주워 와 옛 둥지를 고치고, 새 둥지를 지을 거예요.
처마 밑 아늑한 둥지에서 알을 낳고 새끼도 키울 거고요.
새끼 제비들이 자라 맘껏 날아다닐 때면 다시 가을이 올 테고요.
가을이 오면 제비들은 또 강남으로 여행을 떠나겠지요?

🇨🇳 중국

고대 문명이 생겨난 나라

중국은 세계에서 인구가 가장 많고 아시아에서 땅이 가장 넓은 나라예요. 그만큼 다양한 자연환경을 만날 수 있는 곳이지요. 중국은 이집트, 메소포타미아, 인더스와 더불어 고대 문명이 일어난 곳이기도 해요. 중국의 정식 이름은 '중화인민공화국'이에요. 공산당이 이끄는 사회주의 국가라서 국가가 경제를 이끌고 개인이 재산을 갖는 걸 인정하지 않았지만, 1979년부터 해외에 문을 열고 산업을 발전시켜서 경제가 빠르게 발전하고 있어요.

세계에서 가장 긴 성벽, 만리장성

5000년이 넘는 역사를 가진 중국은 세계적인 문화재와 유적, 유물이 많아요. 그중 첫손에 꼽히는 만리장성은 전체 길이가 6,000킬로미터가 넘는 긴 성벽이에요. 기원전 춘추 전국 시대에 흉노의 침입을 막으려고 쌓기 시작해 진나라 때 늘려 쌓았어요. 오늘날 남아 있는 만리장성은 대부분이 명나라 때 몽골 족을 막기 위해 고치고 늘려 지은 것이에요.

중국에서 으뜸가는 민속 명절, 춘절

음력 1월 1일 '춘절'은 중국에서 가장 크고 중요한 명절이에요. 춘절이 다가오면 고향을 찾아가는 사람들로 온 나라가 떠들썩해져요. 특히 1월 1일 자정에는 폭죽을 터뜨려 새해의 시작을 알리고 복을 기원해요. 1월 한 달 동안 거리에서는 사자춤과 용춤 등이 펼쳐지지요.

🇹🇼 타이완

아름다운 섬나라

타이완은 1949년 중국 본토에서 타이완 섬으로 옮겨 온 사람들이 만든 나라로 정식 이름은 '중화민국'이에요. 선거를 통해 뽑힌 총통이 나라를 대표하는 민주주의 국가이지요. 수도 타이베이에는 타이완의 첫 번째 총통인 장제스를 기념하는 중정 기념당이 있어요. 타이완은 1894년 일본의 식민지가 되었다가 1945년 일본이 2차 세계 대전에서 패망하면서 독립한 역사가 있어요.

중국과 가깝고도 먼 나라

타이완과 중국은 50여 년 전까지만 해도 '중화민국'이란 이름의 한 나라였어요. 그러나 2차 세계 대전 후 1949년 마오쩌둥이 이끄는 공산당이 중화인민공화국을 세웠고, 공산당에 반대하는 사람들은 타이완 섬으로 중화민국 정부를 옮겼어요. 타이완과 중국은 오랫동안 서로를 인정하지 않았지만 얼마 전부터 서로 협력하는 움직임을 조금씩 보여 주고 있어요.

새해의 복을 기원하는 등불 축제

음력 1월 15일부터 약 보름 동안 타이완에서는 등불 축제가 열려요. 등불을 환히 밝히고 불꽃놀이를 하면서 새해에 복을 많이 받기를 빌지요. 이 축제가 열릴 때면 해마다 그 해를 상징하는 동물의 모습을 본뜬 거대한 등불을 선보여요. 또 중국의 전설이나 역사 속의 인물, 만화 캐릭터에 이르기까지 갖가지 모양의 등불이 등장하지요. 용춤, 사자춤 등 민속 예술 공연도 펼쳐지고요.

베트남

농업이 발달한 나라

베트남은 19세기부터 이어진 프랑스의 지배로부터 독립하고자 싸우는 과정에서 나라가 남북으로 나뉘었어요. 여기에 미국이 끼어들어 베트남 전쟁이 벌어졌고 우리나라도 전쟁에 참여했지요. 20년 넘게 전쟁을 치른 끝에 베트남은 1976년에 통일됐어요. 베트남의 정식 이름은 '베트남 사회주의 공화국'이에요. 베트남은 물이 넉넉하고 땅이 비옥해서 쌀이 많이 나고, 석탄이나 철광석 등의 지하자원도 풍부해요.

물 위의 인형극, 무어 로이 느억

베트남에는 인형을 물에 띄워 하는 연극, 무어 로이 느억이 있어요. 사람이 무대 뒤에 숨어서 물속의 대나무 막대와 줄로 인형을 움직이고 대사를 읊어 주지요. 악사들이 흥겹게 음악도 연주하고요. 무어 로이 느억은 옛날에 벼농사를 짓던 농부들이 농사일을 하는 틈틈이 인형을 만들고 논이나 호수, 연못에서 인형극을 한 데서 생겨난 전통 예술이에요.

쪽빛 바다의 보석, 할롱 만

베트남 북쪽의 할롱 만은 바다가 육지 속으로 들어와 있는 커다란 만이에요. 석회암으로 이뤄진 크고 작은 3,000여 개의 섬과 바위들이 쪽빛 바다에 서 있어요. 할롱 만에는 신비한 전설이 전해져요. 먼 옛날 외적이 침입하자 하늘에서 용이 내려와 보석과 구슬을 내뿜었는데, 그 보석과 구슬들이 섬과 바위로 변해 외적을 물리쳤다고 해요.

타이

왕실과 불교의 나라

타이는 국왕이 있는 나라여서, 정식 이름이 타이 왕국이에요. 또 국민 열 명 가운데 아홉 명 이상이 불교를 믿는 불교의 나라이기도 해서 불교문화가 발달했어요. 타이는 관광 산업이 특히 활발하고 쌀과 목재, 천연고무, 주석 등의 자원이 많이 나요. 그런데 동남아시아 여러 나라들이 유럽이나 다른 나라의 지배를 받았던 것과는 달리, 타이는 식민지가 된 적이 없어요.

전통적인 수상 시장, 담는사두악

타이의 수도, 방콕 서남쪽 라차부리에는 담는사두악 수상 시장이 있어요. 강줄기와 운하를 따라서 수상 교통이 발달한 덕분에 물 위에 시장이 열리는 거예요. 이곳에 가면 강물 위의 배에서 물건을 사고파는 사람들의 모습을 생생히 볼 수 있어요. 과일이나 야채, 꽃, 생선 따위를 실은 배들이 물길을 가득 메워 배가 움직일 수 없을 때도 있지요. 수상 시장은 새벽에 열려 보통 오전에 끝나요.

복잡한 거리를 누비는 툭툭

타이에서 짧은 거리를 빨리 가야 할 때 가장 좋은 교통수단은 '툭툭'이에요. 오토바이와 삼륜차를 반반씩 닮은 툭툭은 좁은 골목도 거뜬히 달리고, 자동차 못지않게 속도도 빨라요. 달릴 때 툭 툭 툭 하는 소리가 나서 툭툭이란 이름이 붙었다고 해요.

미얀마

황금 불탑의 나라

미얀마는 찬란한 불교문화가 곳곳에 남아 있고 스님이 존경받는 불교 국가예요. 바간은 세계에서 손꼽히는 불교 유적지이지요. 오랫동안 영국의 지배를 받은 미얀마는 1948년에 독립한 뒤 수십 년간 군인들이 권력을 잡아 독재했던 역사가 있어요. 2011년 미얀마 최초의 대통령이 취임하여 민주주의 국가로 자리 잡기를 기대했지만 2021년 군인들이 다시 쿠데타를 일으켜서 어려움을 겪고 있지요. 미얀마의 옛 이름은 '버마'예요.

부처의 머리카락을 모신 쉐다곤 파고다

수도 양곤에는 아이스크림콘을 거꾸로 세워 놓은 듯한 커다란 쉐다곤 파고다가 있어요. '미얀마의 상징'이라고 일컬어지는 이 불탑은 2,500년 전 부처님의 머리카락 여덟 올을 묻고 세웠다고 해요. 원래 높이는 27미터였다고 하지만 계속 덧쌓아 지금은 높이 99.6미터, 둘레는 426미터에 이르게 됐어요. 벽돌 탑의 겉을 금판으로 장식해서 황금빛으로 눈부시게 빛나요. 쉐다곤 파고다처럼 황금으로 칠해진 파고다는 미얀마 곳곳에 있어요.

불교식 성인식, 신쀼

미얀마의 남자아이는 일곱 살에서 열세 살 사이에 '신쀼'라는 의식을 치러요. 신쀼는 어른이 되기 위한 의식이자 불교의 가르침을 익히는 과정이에요. 머리를 빡빡 깎고 며칠, 혹은 몇 달 동안 절에 들어가 스님처럼 몸과 마음을 갈고닦는 것이지요. 마을에서는 해마다 5~6월에 좋은 날을 정해 남자아이들이 한꺼번에 신쀼를 치러요. 신쀼를 거쳐야만 어른이 되고 결혼을 할 수 있는 자격을 얻거든요. 한편 여자아이들은 귀를 뚫는 '나트윈'이라는 의식을 치르고 어른이 돼요.

필리핀

동서양 문화가 어우러진 섬나라

7,000여 개의 크고 작은 섬으로 이뤄진 필리핀은 태평양 화산대에 걸쳐 있어서 화산과 지진이 종종 일어나요. 하지만 자연환경이 아름다워서 관광 산업이 매우 발달했어요. 루손 섬의 계단식 논은 유네스코 문화유산으로 지정되어 있기도 해요. 필리핀은 에스파냐, 미국, 일본 등의 지배를 받았던 역사가 있어서 동서양의 문화가 잘 어우러져 있어요.

식민지 역사가 시작된 세부 섬

포르투갈의 탐험가 마젤란은 에스파냐 탐험대를 이끌고 세계 일주를 시작했고, 1521년 태평양을 건너 세부 섬에 도착했어요. 마젤란이 세부를 에스파냐의 영토로 삼으려고 하자, 막탄의 라푸라푸 족장이 맞서 싸워 물리쳤어요. 하지만 에스파냐는 필리핀을 정복해 결국 식민지로 삼았어요. 에스파냐의 지배가 약 300년 간 이어지는 동안 마젤란이 전했던 가톨릭교는 필리핀 전체로 퍼졌어요. 16세기에 처음 지어진 산토 니뇨 교회가 지금도 세부에 남아 있지요.

대나무 민속춤, 티니클링

티니클링은 기다란 대나무 장대를 가지고 추는 필리핀의 전통 민속춤이에요. 두 사람이 기다란 대나무 장대의 양쪽 끝을 잡고 마주쳤다 벌렸다 하고, 무용수가 장대 사이를 왔다 갔다 하면서 춤을 추지요. 춤 동작이 빠르고 경쾌해요. 이 춤은 세계에 널리 알려져서, 여러 나라 학교에서 체육이나 무용 시간에 배우곤 해요.

인도네시아

섬과 화산의 나라

인도네시아는 자바, 보르네오, 수마트라, 술라웨시 섬을 비롯한 1만 8,000여 개의 섬으로 이뤄진 나라예요. 주민들은 인도네시아를 '많은 섬들의 나라'라는 뜻으로 누산타라라고 불러요. 또한 인도네시아는 세계에서 화산이 가장 많은 나라여서 살아 있는 화산들이 가끔 폭발해요. 오랫동안 네덜란드의 지배를 받다가 1945년에 독립한 역사도 있지요. 또 인도네시아에는 석유, 주석, 천연고무, 목재 등의 천연자원이 풍부해요.

거대한 불교 유적, 보로부두르 사원

역사 깊은 도시, 욕야카르타에는 불교 유적인 보로부두르 사원이 있어요. 약 100만 개의 화산암 벽돌을 쌓아 만든 8층 건물에 종 모양 탑을 올린 사원이지요. 특히 2층에서 5층까지 이어진 긴 복도에는 부처님과 불교에 관한 그림이 벽에 돋을새김으로 새겨져 있어 불교문화를 잘 보여 줘요.

힌두 문화를 간직한 발리 섬

탁 트인 평야와 산, 바다와 해변의 경치가 아름다운 발리 섬은 '신들의 섬', '낙원의 섬'으로 불려요. 그래서 전 세계에서 찾아오는 관광객들로 늘 북적이지요. 또한 발리는 힌두 문화로도 유명해요. 인도네시아 국민 대부분이 이슬람교를 믿지만 발리 사람들은 대부분 힌두교를 믿거든요. 발리 섬에는 힌두교 사원만 2만 개가 넘고, 일 년 내내 힌두교 축제가 열려요. 또 날마다 신에게 바치는 꽃과 음식이 담긴 짜낭 사리가 놓여진 모습을 거리 곳곳에서 흔히 볼 수 있어요.

말레이시아

다양한 문화의 용광로

말레이시아는 13세기부터 20세기 초까지 포르투갈, 네덜란드, 영국 등의 지배를 잇달아 받다가 1957년에 독립했어요. 말레이계, 중국계, 인도계 사람들과 소수 민족들이 함께 살아가는 다문화 국가이지요. 이슬람교가 국가 종교인 만큼 국기에 초승달과 별 그림이 들어가요. 하지만 종교의 자유가 있어 다른 종교를 믿어도 돼요. 또 말레이시아는 적도가 지나는 위치에 있어서 일 년 내내 따뜻하고 비가 많이 와요. 천연고무와 야자 기름이 많이 나고 원목, 석유, 천연가스 등의 자원도 풍부하지요.

힌두 문화의 유적, 바투 동굴

쿠알라룸푸르 북쪽 가파른 절벽에는 바투 동굴이 있어요. 바닥에서 천장까지의 높이가 100미터나 되는 거대한 동굴로, 272개의 계단을 올라가야 들어갈 수 있는 곳이에요. 바투 동굴 속에는 커다란 돌 고드름 같은 종유석들이 천장에 수없이 매달려 있어요. 신의 석상을 모시고 벽화를 그려 넣은 힌두교 사원도 있지요. 힌두교 최고의 축제인 타이푸삼 축제가 열릴 때면 많은 사람들이 꽃과 음식을 들고 이곳으로 모여들어요.

동남아시아에서 가장 높은 키나발루 산

말레이시아 사람들은 보르네오 섬 북쪽에 있는 키나발루 산을 '영혼의 쉼터'로 여겨요. 키나발루 산은 높이 4,101미터로 워낙 높아서 온갖 보기 드문 식물과 동물이 살고 있어요. 산을 오르다 운이 좋으면 세계에서 가장 큰 꽃인 라플레시아를 볼 수도 있지요. 키나발루 산의 주변 지역은 말레이시아에서는 처음으로 유네스코 세계 유산으로 선정되기도 했어요.

제비에 대해서 더 알아봐요!

제비의 **깃털**은 등 부분은 푸른빛이 도는 검은색, 배 부분은 흰색, 부리 주위는 어두운 붉은색이에요.

제비의 **날개**는 크고 길어요. 날개를 한번 퍼덕이기만 해도 힘차게 오르내릴 수 있지요.

제비의 **꽁지깃**은 길고 양끝이 두 갈래로 뾰족하게 갈라져 있어요. 날아가는 방향을 바꾸거나 속도를 조절할 때 도움이 돼요.

제비의 **눈**은 색깔을 구별할 수 있고, 밤에도 잘 볼 수 있어요.

제비의 **부리**는 짧고 뾰족해요.

제비의 **다리**는 짧고 약해요. 그래서 제비는 땅 위를 잘 걷지 못해요.

다 자란 제비는 부리에서 꽁지깃까지의 **몸길이**가 약 18센티미터쯤 돼요.

제비의 여행이 궁금해요!

제비는 왜 긴 여행을 할까요?
제비는 봄부터 가을까지 우리나라에서 지내는 여름 철새예요. 9월 초에서 10월 말쯤 따뜻한 나라로 떠났다가 이듬해 3월 초에서 5월 초 사이에 우리나라로 돌아와요. 그런데 지구가 점점 따뜻해져 제비가 돌아오는 때도 점점 빨라지고 있어요.

작년에 봤던 제비가 정말 다시 올까요?
제비들은 보통 지난해에 살던 자기 둥지로 돌아와요. 그러나 우리나라와 강남 사이의 여행길이 멀고 험해 돌아오지 못하는 경우도 많아요.

제비는 언제 여행을 떠나야 할지 어떻게 알까요?
제비와 같은 철새들은 낮 동안 햇빛이 비치는 시간과 몸 안의 조절 장치를 통해서 보금자리를 옮겨야 하는 때를 스스로 알아차려요.

제비는 어떻게 길을 알까요?
제비는 낮에는 해를, 밤에는 별을 나침반 삼아 길을 찾아요. 다른 철새들도 마찬가지예요. 산맥이나 강, 평야, 바람의 방향 등을 길잡이로 삼기도 해요.

제비가 어떻게 사는지 궁금해요!

새끼 제비는 어떻게 자랄까요?
제비 부부는 1년에 두 차례, 한 번에 3~6개의 알을 낳아요. 어미 제비가 알을 보름 정도 품으면 새끼들이 알껍데기를 깨고 나오지요. 부모 제비는 하루에도 몇 백 번씩 먹이를 구해 새끼들을 먹이고요. 새끼 제비는 알에서 깬 지 20~30일쯤 되면 둥지를 떠나 다른 새끼 제비들과 무리 지어 살아요. 새끼 제비들을 독립시킨 제비 부부는 둥지를 손질하고 또 다시 알을 낳아 새끼를 키워요.

제비는 둥지를 어떻게 만들까요?
진흙과 지푸라기, 마른 풀을 침으로 반죽해서 만들어요. 사람이 사는 집의 처마 밑이나 벽의 모서리에 둥지를 짓지요.

제비가 좋아하는 먹이는 무엇일까요?
제비는 날면서도 먹이를 잘 잡을 수 있어요. 파리, 모기, 하루살이, 메뚜기, 벼멸구, 나방 따위의 곤충을 좋아해요.

작가의 말

「흥부전」에 나오는 제비 이야기는 여러분도 잘 알지요? 다리를 다쳐 날지 못하는 제비를 흥부가 치료해 주자, 그 제비가 가을에 강남으로 떠났다가 이듬해 봄에 돌아오면서 박씨를 가져다주잖아요. 여러분은 흥부전을 읽을 때 제비가 가을에 간다는 강남이 어디인지 궁금하지 않았나요? 나는 많이 궁금해서 몇몇 어린이들에게도 한번 물어봤어요. 그랬더니 대부분 "우리나라보다 따뜻한 나라일 걸요."라고 대답하거나 "서울의 강남 아니에요?"라고 되묻더군요.

이리저리 알아보니, 제비가 간다는 강남이 어디인지 구체적으로 확인된 지는 얼마 되지 않았더군요. 새를 연구하는 학자들이 1964년부터 1970년까지 조사한 결과로 비로소 알게 되었으니까요. 학자들은 제비를 비롯한 여름 철새들이 가을에 우리나라를 떠나기 전에 다리에 가락지를 달았어요. 얼마 후 중국의 남쪽 지방과 동남아시아 여러 나라에서 그 제비와 여름 철새들 중 일부가 발견되었어요. 이 책에 소개한 나라들처럼 모두 일 년 내내 날씨가 따뜻하거나 더워서, 추위에 약한 새들이 살기 좋은 곳이었지요. '강남'이란 말도 중국에서 양쯔 강 남쪽의 따뜻한 지방을 일컫는 말이었대요. 제비는 이 나라들 말고 다른 곳에서도 종종 발견돼요. 제비가 사는 곳은 아주 넓거든요.

학자들은 우리나라를 떠나 강남으로 갔던 제비들 중 일부가 이듬해 봄에 우리나라로 되돌아온다는 것도 확인했어요. 「흥부전」속 제비 이야기가 사실이었다니 참 흥미롭지요?

우리 조상들은 제비가 복을 가져다주는 이로운 새라고 여겼어요. 제비는 파리, 모기뿐 아니라 벼멸구나 메뚜기처럼 농작물을 망치는 곤충을 잡아먹는 새이기 때문이지요. 그래서 제비가 집에 둥지를 틀면, 흥부처럼 잘 보살펴 주었어요. 농사가 잘되고 집안에 좋은 일이 생기기를 바라면서요.

예전에는 어디서든 제비를 흔히 볼 수 있었어요. 하지만 요즘은 제비를 보기가 쉽지 않아요. 제비가 좋아하는 초가집은 거의 사라졌고, 땅은 아스팔트나 시멘트로 뒤덮여 둥지 지을 때 필요한 진흙을 구하기 어렵기 때문이에요. 또 농약을 많이 써서 제비의 먹잇감인 곤충이 부족해진 것도 제비가 줄어든 원인 중 하나예요. 제비가 돌아오게 하려면 우리가 자연을 아끼고 잘 보살펴야 해요.

자연환경이 다시 좋아져서 예전처럼 제비를 자주 볼 수 있으면 좋겠어요.

신현수